Papa, de Toi à Moi

raconte - moi ton histoire

© **Smart Fox édition - Tous droits réservés 2021**
"Toute représentation ou reproduction intégrale ou partielle faite sans le consentement de l'auteur ou de ses ayants droit ou ayants cause est illicite. Il en est de même pour la traduction, l'adaptation ou la transformation, l'arrangement ou la reproduction par un art ou un procédé quelconque"

Sommaire

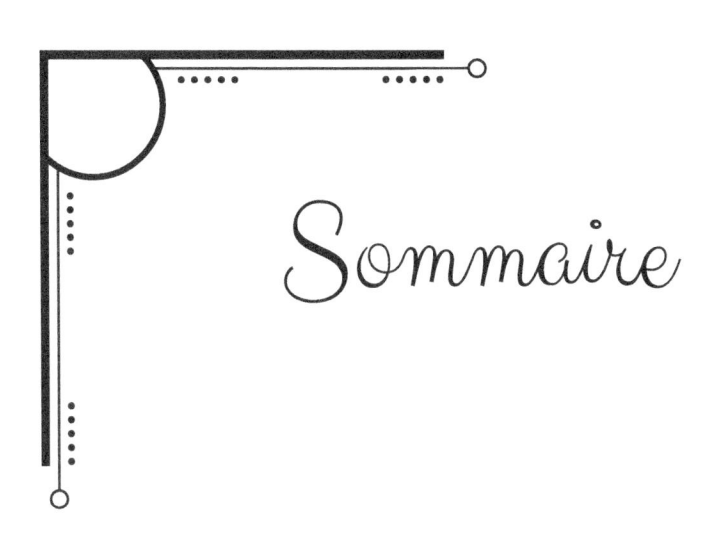

Page 4 - Mon papa
Page 5 - Notre plus belle photo
Page 6 à 11 - Ton enfance
Page 12 à 17 - Ta famille
Page 18 à 25 - Ta vie d'adulte
Page 26 à 33 - Ta vie de papa
Page 34 à 49 - Ta vie toute entière
Page 50 à 53 - Je voulais aussi savoir…
Page 54 à 59 - Tes plus belles recettes
Page 60 à 63 - Ta vie en photos

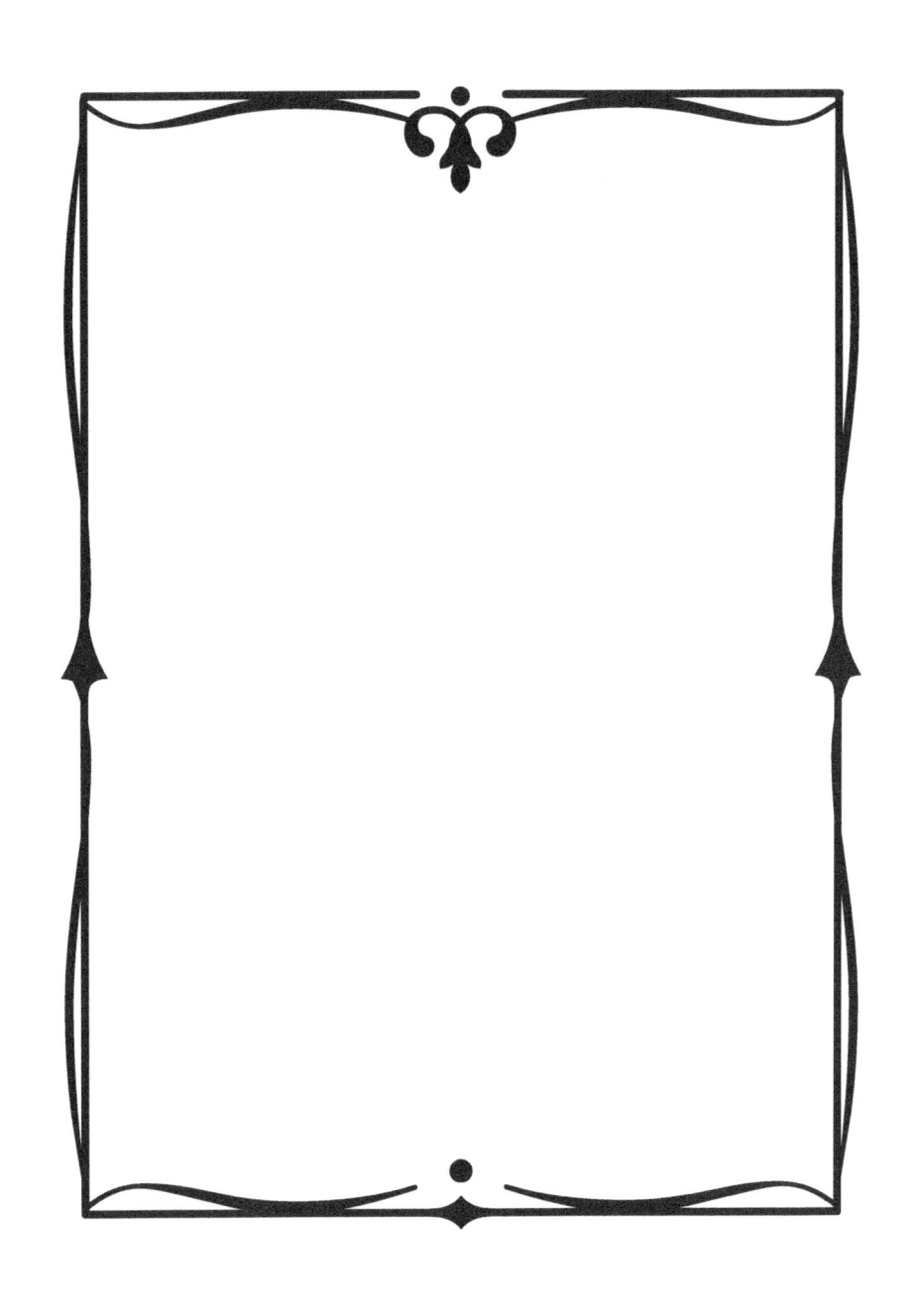

Notre plus belle photo

Mon papa

Mon papa est né le .... à ....

il s'appelle ....

il a .... enfants.

Ton enfance

Ton école elle était comment ?

Est ce que tu travaillais bien ou est ce que tu avais un peu de mal ?

Tes maîtresses elles s'appelaient comment ?

- ....
- ....
- ....
- ....
- ....
- ....

Est ce que tu avais des matuères qui n'existent plus aujourd'hui?

....
....
....
....
....
....
....
....
....
....

Et tes copains comment ils s'appelaient ?

- ....
- ....
- ....
- ....
- ....
- ....
- ....

Dans la cour de récréation vous jouiez à quoi ?

....
....
....
....
....
....
....
....
....
....
....
....
....

Quand vous faisiez des bêtises, qu'elles étaient vos punitions ?

Tu allais à l'école comment ? A pied, à vélo, en voiture....

Quel travail tu voulais faire quand tu étais petit ?

....
....
....
....
....
....
....
....

Quels étaient tes jouets préférés ?

- ....
- ....
- ....

- ....
- ....
- ....

Est ce que tu étais un enfant gentil ? Tu faisais beaucoup de bêtises?

....
....
....
....
....
....

Quel est le plus beau souvenir de ton enfance ?

Une photo de toi quand tu étais enfant

Ta famille

Parle moi de tes parents : comment ils s'appellent, quel était leur travail, comment ils étaient ?

Ta maman :

Ton papa :

Et tes grands parents, parle moi d'eux aussi .

Où c'était votre première maison ? Et elle était comment ?

Est - ce que vous partiez en vacances parfois ?

....
....
....
....
....
....
....
....
....

Est - ce que tu as une photo de toute ta famille ?

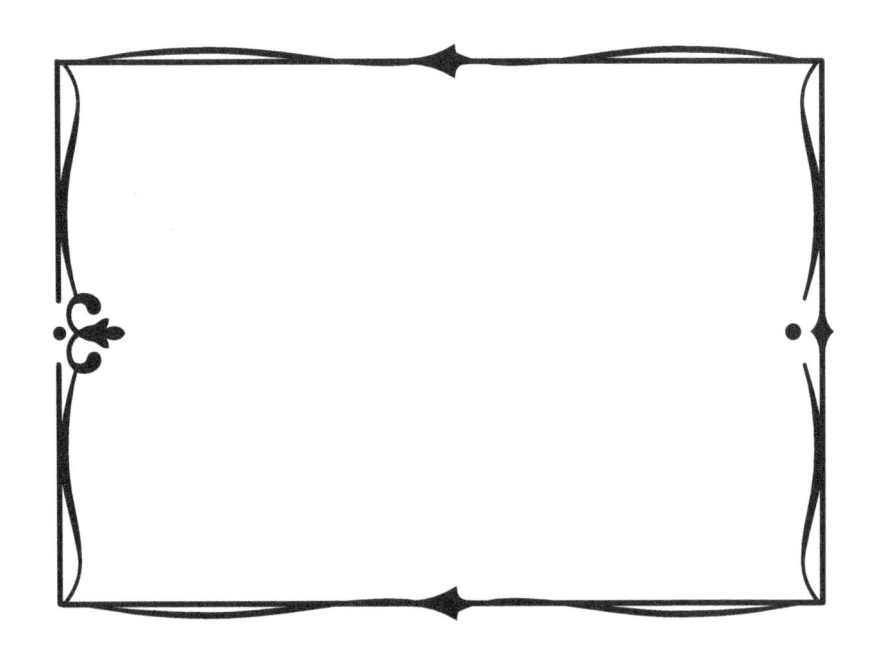

Ton arbre généalogique

Ta vie d'adulte

Après l'école tu as fais quoi comme premier travail ? Est - ce qu'il te plaisait ?

....
....
....
....
....
....
....

Et après qu'est ce que tu as fait ?

....
....
....
....
....
....
....

Tu habitais loin de ton papa et ta maman ?
Tu les voyais souvent ?

Qu'est - ce que tu aimais faire ?

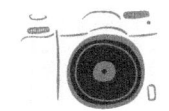

Est - ce que tu as fait de grands voyages ?
Tu es parti où ?

Est - ce que tu as eu des amoureuses avant de rencontrer maman ?

Raconte - moi comment tu as rencontré maman ?

Parle - moi d'elle ?

Comment tu lui a fait ta demande en mariage ?

Et votre mariage c'était comment ?

Est - ce qu'après vous êtes partis en voyage ?

Comment vous avez décidé d'avoir un enfant ?

Quel est ton plus beau souvenir avec maman ?

Quelle a était votre plus grosse dispute ?

Laisse moi des photos de vous

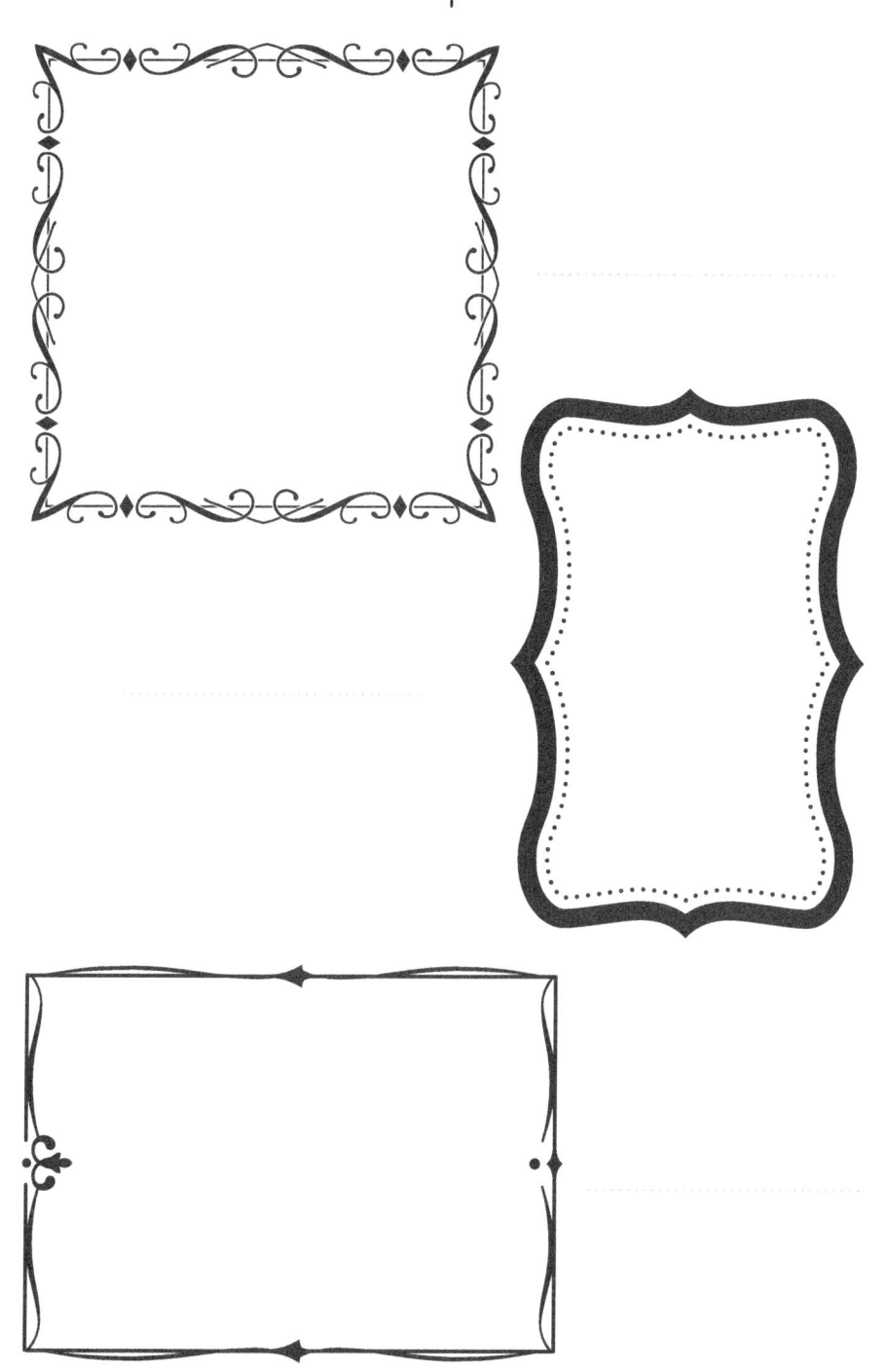

Ta vie de papa

Comment tu as réagi quand tu as su que maman attendais un enfant ?

....
....
....
....
....
....
....
....

Est - ce que tu etais avec maman quand elle as accouché ?
Comment ça s'est passé ?

....
....
....
....
....
....
....
....

Est - ce que tu avais beaucoup de temps pour t'occuper de moi ?

Qu'est - ce que tu aimais faire avec moi ?

Et maman, elle était comment avec moi ?

Est - ce que vous avez voulu d'autres enfants ? Pourquoi ?

Comment avez vous choisi le (les) prénom(s) ?

....
....
....
....
....
....
....
....
....
....

Quels étaient ceux que vous préfériez ?

- ....
- ....
- ....
- ....
- ....
- ....

- ....
- ....
- ....
- ....
- ....
- ....

Quelle est la plus grosse bêtise que j'ai fait ?

....
....
....
....
....
....
....
....
....

Est - ce que tu t'es mise en colère ? Tu m'a puni?

....
....
....
....
....
....
....
....
....

Qu'est-ce que tu aimes le plus dans ton rôle de papa?
Et qu'est-ce qui t'énerve le plus ?

Photos de famille

Ta vie toute entière

Quels sont tes plus beaux moments ?

Quels sont tes rêves ?

dream

Qu'est - ce que tu aimes le plus ? ★★★

De quoi as - tu le plus peur ?

Et à ta retraite qu'est ce que tu veux faire ?

Est-ce que tu penses que tu as fait plein de choses dans ta vie ?
Est-ce qu'il y a encore des choses que tu aimerais faire ?

Quels conseils tu me donnerais pour réussir dans ma vie personnelle ?

Et dans ma vie professionnelle ?

Je voulais aussi savoir..

Tes plus belles recettes

Nom de la recette : ....

Ingrédients :

....
....
....
....
....
....
....

Recette :

....
....
....
....
....
....
....
....
....
....
....
....
....

Nom de la recette : ....

Ingrédients :

....
....
....
....
....
....
....

Recette :

....
....
....
....
....
....
....
....
....
....
....
....
....

Nom de la recette : ....

Ingrédients :

....
....
....
....
....
....
....

Recette :

....
....
....
....
....
....
....
....
....
....
....
....
....
....

Nom de la recette : ....

Ingrédients :

....
....
....
....
....
....
....

Recette :

....
....
....
....
....
....
....
....
....
....
....
....
....

Nom de la recette : ....

Ingrédients :

....
....
....
....
....
....
....

Recette :

....
....
....
....
....
....
....
....
....
....
....
....
....
....

Nom de la recette : ....

Ingrédients :

....
....
....
....
....
....
....

Recette :

....
....
....
....
....
....
....
....
....
....
....
....
....
....
....

Ta vie en photos

63

Printed in France by Amazon
Brétigny-sur-Orge, FR